tredition®
www.tredition.de

AF397683

Tobias Renk ist 1981 im fränkischen Kronach geboren, wo er auch aufgewachsen ist. »Morgen der Tag« ist sein vierter Gedichtband. Sein erstes Prosabuch »Wochentags und fünf weitere Geschichten« veröffentlichte er 2016.

Weitere Informationen, auch zur E-Book-Ausgabe, finden Sie bei www.tredition.de

Tobias Renk

Morgen der Tag

Gedichte

© 2016 Tobias Renk

Bild S. 7: Künstler unbekannt
Quelle: Wikimedia Commons (Camille Flammarion,
L'Atmosphere: Météorologie Populaire, Paris, 1888, S. 163)

Verlag: tredition GmbH, Hamburg

ISBN
Paperback   978-3-7345-0682-6
Hardcover   978-3-7345-0683-3
e-Book   978-3-7345-0687-1

Printed in Germany

Tobias Renk

Morgen der Tag

Gedichte

Die Zeit ist immer reif. Es fragt sich nur, wofür.
François Mauriac

I

1

Du bist unnahbar geworden – fast –
mit deiner einhorngleichen Erhabenheit.
Ein anderes Mal wolfartig. Ein
menschenscheuer Grenzgänger
zwischen deiner und meiner Welt,
die sich kaum berühren, während
sie klanglos aneinander vorbeigleiten
durch luftdichten Raum. Manchmal
meine ich, du schleichst auf Samtpfoten
durch die Wohnung wie eine Raubkatze
oder schwebst wie eine Elfe. Die Richtung
aber ist immer die gleiche – wegwärts.

2

Der da durch die
Straßen zieht, ein
wenig planlos wirkend
auf euch oder verwirrt,
das bin ich. Unsicher
der Schritt, so meint ihr.
Am Ende aber schillerndes
Perlmutt. Nicht ihr knackt
es, sondern ich locke euch.

3

Barfüßig wandelnd
mit wehendem
Nachthemd. Zahnlos
liebäugelnd mit
geisterhaften Wesen
ehe es dunkelt.

4

Obwohl regungslos
ziehen sie vorbei,
die Lichter dieser
ergrauten Stadt.
Unausfüllbar die
Leere, die ich starrend
durchdringe, während
ich Jugend schmecke
in Gestalt von
Glühweinbonbons.

5

Dieses Tanzen der Gischt,
graziös und vergänglich. Dort,
wo das Meer nur eine klar
gezeichnete Linie ist, die an
den Himmel stößt, da wird
diese nicht mehr tanzen.
Aber eine andere vielleicht.
Für einen kurzen Moment
königlich sein. Einladend die
Arme öffnen und den Mund.
Selbst Wellen schlagend mit
singender Zunge und
bedeutungslos Versinken
in Vergessenheit.

6

Ich schob die dürren Äste beiseite,
um Backstein zu fühlen. Moosige
Gesichter betastend in Zeitzeugentum.
Die Witterung schlug um. Sanfte Perlen
zerbrachen hartnäckig auf meinem Gesicht.

7

Einmal Dunkelheit greifen.
Sie packen am Kragen.
Hinabziehen und stürzen
in sie selbst ohne Boden.
Haltlos fallen dann.
Zinnsoldatenstandhaft
triumphieren über sie
und vergehen in der Wärme
lodernder Flammen.

8

In Mandelbaumeile philosophierten wir
über die ganz großen Themen, die bald
kommen würden. Ungeachtet deines
federlosen Kleides bezogst du Position.
Im Wind wiegende Laternengesichter
zeugten von unserem Geheimagentenaustausch.
Das Haupt meiner Häupter gesalbt durch
deine wegweisenden Liebkosungen.

9

Den Tag erwartend in unserem
erträumten Loft in New York City
und den prasselnden Regen durch
das Fenster auf unserer Haut fühlend.
Nässe tankend wie Fische und voller
Leben zappelnd und sich wälzend auf
trockenem Boden bis die Tage wieder
länger werden und sie sich anbahnen,
die großen Themen der Zeit, die irgendwann
auch wieder verschwinden würden
in zahnlosen Häuserschluchten.

10

Die Nacht
vergessend und
lautlose Klänge
im Gehörgang
ausklingend
und die Schönheit
der Wiesen getaucht
in morgendlichen Tau
bestaunend und die
Bäume liebend für
ihre Standhaftigkeit.

11

Einmal da hatten wir Träume und Ziele und Vorbilder. Schleichend und ohne die Möglichkeit einen festen Zeitpunkt zu nennen, haben wir sie, Hirnchamäleons, verraten und uns selbst. Drifteten stärker als jemals zuvor auseinander. Plärrten vage Hymnen, unsere Traumtänzerlieder. Die Nächte wurden länger in jenen Tagen und wir, wir ein Stück erwachsener.

12

Deine Leichtigkeit verflüchtigt
auf dem Weg zum Supermarkt.
Deine Haare hängen dir wie reife
Trauben ins Gesicht. Blank stehst
du vor mir wie ein leeres Blatt vor
Tusche und Feder. Schützend beschreibe
ich dich und sortiere dich ein ins
hinterste Fach meiner Aktentasche.

13

Wir frühstücken ungesäuertes Brot und
gehen zehenspitzig über knarzenden
Dielenboden. Wir sprühen Namen in
Kaffeetassen und trinken süßlich Tage
unserer Jugend. Wir laufen zügiger als
intime Uhren und bestaunen gekrönte
Häupter in Arenen angelaufener Spiegel.
Wir vergraben uns metertief in Mäntel
und zertreten unsere blanken Identitäten
in Pfützen auf geteerten Gehwegen.

Es gibt nicht die Städte meiner
Eltern oder Großeltern. Es gibt
keine Schlote, die rauchig die
Sonne mit Dreck bewerfen. Dörfer
sind es, in denen in alten Zeiten
noch kauzig murrende Gestalten
des Nachts unförmige Kreise zogen
und die Sperrstunde verkündeten.

15

Unsere Namen tausendfach in
Listen schreibend leben wir in
Tage hinein, die kürzer zu werden
scheinen. Straßenmarkierungen
zählend treiben wir unbekannten
Zielen zu, die keine Orte als Namen
tragen. Treibsandig versinkend in
digitale Tiefen fischen wir unaufhaltsam
die neuesten Songs aus dem Internet.
Mit weinendem Auge Lachen an einer
Hand abzählend betreten wir schamvoll
Räume kurzweiligen Schweigens.

16

Die größte Schlacht,
die ich je schlug.
Versteckt hinter den
Kunststoffrändern
meiner Brille
fixierte ich dich,
schob feldherrisch
meine erste Garde ins
Feld und wartete.
Du stampfend mit
Gebrüll und Getöse
wurdest leise und
zogst von dannen mit
geneigtem Haupt und
hochgeknoteten Haaren.

17

Damals zählten wir Kindersommer
nicht. Wir zählten abgenutzte Münzen
und klebriges Cola-Eis und vertrieben
aufmüpfige Fliegengrenadiere. Auf
Steinwänden sitzend ließen wir uns
von Sonne bewerfen und tankten nasses
Leben. Wir ließen Blicke fliegen über
gebräunte Schenkel und deuteten
Wolkenfetzen als Hunde und Nikoläuse.

18

Die Tage des Unschuldlamentierens
sind gezählt. Was wir nicht wussten:
Die Songs, die wir hörten, würden
Klassiker sein. Die Geschmäcker, die
wir schmeckten, würden Jugend heißen.
Wir streiften unsere Hauskätzchenhaut
ab und standen splitternackt bekleidet
vor sabbernder, zähnefletschender Meute.

Zieh den Stöpsel, damit sie abfließen kann,
weiterfließen, die Zeit, irgendwo, wo ich es nicht
mit bloßem Auge sehen kann. Erst zögerlich,
dann stürmisch sich drehend im oder gegen
den Uhrzeigersinn. Später irgendwann wird sie
mich wieder eingeholt haben, irgendwo dann.

20

Wir sollten etwas Fleisch auf
unsere Hüften kriegen. Das hält
warm und sorgt vor für schlechte
Zeiten. Laufen geht dann nicht
mehr so schnell, aber wir schleichen
ja eh, driften, während Ährenschläge
uns das Gesicht zerkratzen. Dass
du so schön bist, immer noch so
schön bist. Wolken sollte man auf
dich schmeißen, damit dich niemand
mehr unverhüllt sehen kann.

21

Den Straßenrand besetzend
mit unseren Fuhrparks
und staubige Trassen bauend
für mundgeräuschige Gefährte.
Unsere Gehörgänge flutend
mit Tonblitzen und reinen
Klumpen heiliger Klänge. Uns
bewerfend gegenseitig mit Zukunft
und durch Vergangenheiten
fliegend auf leichtflügeligen Sorgen.

22

Die Nacht greift um sich.
Schützengräben schürfend
mit deiner Wimperntusche.
Verlockend marschierst du,
fleischige, zarte Stelzen
in hochhackigen Stiefeln.
Die Nacht deiner Nächte
gepresst in eine Schale
voller Nüsse und Salzstangen,
schiebst du maskierte Blicke
durch zu enge Räume.

Zerschmettert die Vergangenheit
in tausend Splitter. Nackt die
Zukunft. Eintagsfliegentauglichkeit
unter Beweis gestellt. Das Ziel:
schwimmend, treibend gar.

24

Einen kleinen Fuchsbau in den
Wurzeln eines Baumes nennen
wir Heimat. In dieser Behausung
fühlen wir uns wohl. Die Weite
des Waldes lehrt uns nicht fürchten,
schenkt schimmernde Cocktails aus
in Baumrindengläsern. Barthaare,
mit stürmischen Winden beworfen,
als standhafte Zinnsoldaten
unvergänglicher Zeiten. Und
Papierschiffe auf Kanälen, Rinnsalen,
als Künder kommender Taten.

Manchmal ist es die Stille,
die einen hoffen lässt. Die
Wände des Hotelzimmers
stumme Beobachter, Begrenzer
meiner Wirklichkeit. Wir
trinken Träume und verziehen
unsere Münder. Ausgesperrte
Winde peitschen Schadenfreude
aus schwarzen Mänteln.
Minibarinhalte Briefmarken gleich.
Der Weg von mir zu dir ist Zeit.

26

Ich bin zu traurig,
um dir zu sagen
wie fröhlich ich bin.
Wenn ich ankomme,
dann trage ich tote Vögel
in meinen Taschen, die ich
aus dem Fenster werfe,
wenn du nicht hinsiehst.

Die Verflechtung zu entwirren
eine Herkulesaufgabe. Wachsen
jeden Tag und mehr verflechten,
immer mehr, und irgendwann die
Welt umschließen – unsere. Und
sich irren im Wind und eine Stimme
hören, die deine nicht ist. Und sich
freuen an der Traurigkeit und traurig
sein in der Freude, die geht in sturer
Regelmäßigkeit. Später einmal, so
stelle ich es mir vor, werde ich
mich neu in dich verlieben.

28

Die Straße meiner Schulzeit
existiert noch. Der Baum aber,
mein erster Ankerpunkt auf
dem Nachhauseweg, wurde
gefällt. Ein Fahrradweg,
angeheftet als graues Band,
steht ihr stoisch zur Seite. So
gesehen existiert sie nicht mehr,
die Straße meiner Schulzeit,
verblassen Erinnerungen mit
jeder Nuance der Veränderung.

Die schneeweiße Aura
legt sich samtig auf deine
Haut. Deine gestrafften
Lippen lückenlos benetzt.
Rot. Schwarz der Mascara.
Und deine Augen Ozeane,
schimmernde Seelenfänger.

30

Dieses kleine Kino, das die Zeit festhält
und steht wie ein Fels in der Brandung.
Wir saßen in sonderbar ungemütlichen
Sesseln und streckten unsere Köpfe
der gekrümmten Leinwand entgegen.
Danach kam brennend der Schmerz
in deinem Nacken, von dem du noch
lange etwas haben solltest.

II

31

Als du gingst, nachdem
wir uns verabschiedeten,
und in Richtung Bahnhof
liefst, da hattest du meinen
Pulli an und er stand dir
besser, als er mir jemals
stand. Und als du dann
verschwunden warst in
diesem großen, grauen,
förmigen Gebäude, da hatte
der Bahnhofseingang,
besetzt von Fremden, die
nach drinnen und nach
draußen hetzten, seinen
Glanz abgelegt. Wir beide
verloren, auf gewisse Art
und Weise. Was wir damals
noch nicht wussten: niemals
sollten wir uns wieder sehen.

32

Dein blasses Geschlecht schmeißt,
gebrechlich scheinbar, Ignoranz
vor meine leutselige Hütte. Sag es doch:
Lautsprechermembranen tanzen,
Engel verkünden meinst du. Und ich
interpretierte, nein, du sagtest es nie,
baltisches Traditionsbewusstsein in
die stoische Perfektion deines Körpers,
was letztlich fehlende Flexibilität war
(aber auch das ist nur Interpretation).

Du sagst es, mit dem fehlenden Beben
deiner Lippen und dem nicht vorhandenen
Zittern deines Kiefers. Liebe kennst du nicht.
Anstatt dich zu drücken, zum Abschied
vielleicht oder Neubeginn, zerschmettere
ich die Tasse in deiner Hand auf den
Holzdielen der Wohnung. Du gingst,
die Kerbe blieb, bis auch ich auszog.

34

Das kleiner werdende Zimmer
ahnte ich aus der Entfernung.
Ein Ozean trennte uns. Als
ich zurück war, konnte ich es
tatsächlich sehen. Die Wände
wanderten. Ich trank Licht gegen
das Placebo. Aber es half nichts.
Auch die vertrockneten Blumen
waren gewandert. Zumindest
ein klitzekleines Stück.

35

Dein Dutt wie ein Magnet.
Anziehend mich, magisch
fast, seine Kraft ausnutzend.
Dass du das nicht wusstest
soll ich dir glauben? Soll dir
versprechen, dass alles gut
werden wird am Ende? Was
du meintest: Du gehst deiner
Wege und ich meiner. Aber
unterschiedlicher bitteschön.

36

Womit fange ich an, wenn ich von dir erzähle?
Die ganze Zeit hatte ich das Gefühl, dass etwas
nicht passt. Nicht richtig ist. Ich bin meisterhaft
im Verdrängen. Das Schlimmste: du warst so
brutal ehrlich. Unerschrocken wiederholtest du,
dass du nicht für so etwas geschaffen bist. So
etwas. Diese Wortwahl fand ich komisch. Finde
ich noch immer. Und was meintest du damit
eigentlich genau? Die Sache an sich – oder mich?

Ewigkeit. Wie sie mir zum Halse heraushängt.
Dieser Totalitarismus in den Dingen. Nichts was
wir taten, durfte nur einige Zeit dauern. Ewig
musste alles sein, halten. Unflexibel, dachte ich,
sagte es aber nicht. Du hingegen warst gewohnt
forsch: auf ewig Dein. Ich wusste es besser,
schreibe ich jetzt, sage es dir aber nicht.

Rede ich denn gegen Wände an?
Stimmfrakturen. Gebrochen und
zersplittert am Boden liegend. Schlimmer
noch. Ein zahnloser Tiger. Lippen
eingelegt in eine zu weiche Mundhöhle.
Schmatzend grübeln über was sein
könnte. Ausgedacht, bevor die Tage
gekommen werden sein. Weiß ich es
nicht besser: gedachte Momente verwirkt.

Heute steht die Mittagssonne
senkrechter am Himmel als sonst.
Ich bilde mir ein: Wie lotrecht diese
Strahlen auf die staubleere Prärie
meiner Gefühlswelt auftreffen. Dieser
Phlegmatismus im Anrennen. Mit
gesenkten Köpfen abgestumpft
davonschleichend, tölpelhaft apathisch.
Das macht die Runde, hoffe ich dann.

Die Stimmen des Nachts.
Auch deine ist dabei. Wenn
die Äste einladend an die
Scheibe schlagen, weiß ich,
nicht ich bin gemeint. Der
Morgen graut. Heimlich ziehen
sie von dannen, als wäre nichts
gewesen, winken aus der Ferne
ein zärtliches Lebewohl. Stumm
beschriebe ich sie, wenn mich
jemand fragte, die Einsamkeit.

41

Diese Wichtigkeit hatte ich ihr nicht zugeteilt. Auch die Ironie nicht, die in ihr schwelte. Ich träumte, deine Blicke nähmen mich gänzlich ein. Verschluckten mich in dein Innerstes. Der Schlund, in den ich fallen würde, gefiel mir. Ich aber, stattdessen, war Teil des Zuges, der sich stetig bemühend monoton von dir weg bewegte.

42

Waren wir nicht kindergleich?
Wir forschten, um des Forschens
Willen. Suchten nach Wegen, ewig
zu leben. Unser gutes Leben würde
überdauern, und unser schlechtes
vorübergehen. Wir würden nie am
Ende stehen und nie am Anfang.
Sondern immer mittendrin. Mittendrin
im Leben, im Sein, in uns. Unmittelbar
würden wir Blätter fallen spüren und
auch wachsen zur gleichen Zeit.

43

Natürlich träumten wir.
Wir tranken die Träume
literweise aus Eimern. Wo
würden wir nicht überall sein.
Es gab keinen Raum, keine
Wände, keine Begrenzung.
Unsere Träume waren weite
Felder. Saftige Weiden waren
sie. Wir merkten es nicht, wenn
hier und da ein Tropfen daneben
ging. Am Ende aber würden wir
dastehen mit fragenden Gesichtern.
Ich schaue in deines, du in meines.

44

Wer weiß schon, ob die Zeitenwende
vor oder nach dem nächsten Strauch
kommt. Vertane kraftvolle Jugendjahre
voller hungriger Wölfe nach Leben.
Zeit als monoton marschierende Herden
durch leidenschaftslose Landschaften.

45

Wie du mit diesem Krähenflügel
versuchst die Höfe deiner zerrütteten
Vergangenheit zu kehren. Die Welt zu
schrumpfen zu einem kleinen Haufen
Staub und Dreck. Mühsam dein Bemühen.
Abstrus das Wort, das ich suche. Aus
sicherer Entfernung betrachte ich dich.
Zu spät wird mir klar: das was du da
zusammentust sind Gebeine. Hundegebell
vertreibt die letzten Lüfte dieser Szene.
Die Zeit, fürchte ich, spielt für dich.

46

Diese Zärtlichkeit, die ich kaum
begreifen kann. Zerflossen zwischen
meinen Händen. Begrifflichkeiten, die
dein Wesen nur unklar beschreiben.
Nebulös. Unzulänglich. Kaum jemand
vermag es, dich so zu sehen, wie du
wirklich bist. Und ehe die Tage und
Nächte ins Land ziehen und sich am
Horizont freundlich gestimmt die Hand
reichen, wirst du gegangen sein. Du wirst der
Weite deinen Stempel aufdrücken und ein
Gesicht hinterlassen in allem was ich sehe.

47

Dich berühren nachts mit meinem
Handrücken und deine Sinne ertasten
mit meinem kleinen Finger und versuchen
deine Sorgen zu schlucken, wenigstens
ein paar, und deinen Rhythmus spüren
im Auf und Ab deines Brustkorbs und
hoffen, dass du da bist, wenn ich erwache.

Morgen der Tag als Sammlung loser
Blätter. Verwahrloster Haufen.
Zusammengerecht in staubigen
Hinterhöfen voller Schattenkrieger.
Ich stelle fest: Irgendwie zeitlos, dieses
Fortschreiten. Dieses Aneinanderreihen
abstrakter Objekte. Am Ende wird
irgendjemand diese Szene beschreiben:
Schwarz auf gechlortem Papier.

III

Als du mir übergeben wurdest, zwischen
Blau und Grau deine Farbe, änderte sich
alles. Fortan floss das Licht gelblich-weiß
an mir vorbei, um dich zu erhellen. Maßvoll
in Szene gesetzt würdest du den Herzschlag
bestimmen. Würdest den Takt vorgeben –
situationsgebunden. Frage: Sind wir eins?

50

Wenn schwarze Vögel nach
Süden ziehen, wird es bald
darauf kühl werden. Wir
werden den Wasserkocher
anknipsen und Teebeutel
liebevoll in unsere Tassen
hängen. Wir werden Gedichte
lesen mit kunstvoll
aneinandergereihten
Worten ohne Bedeutung.

51

Die Tage des Jahres sind gezählt. Die
großen Mähdrescher meiner Jugend
künden es an, jedes Jahr aufs Neue.
Wir spucken Kirschkerne in den Wind,
während wir auf dieser brüchigen Mauer
sitzen, die uns als Kinder noch mühelos
hielt. Die Abendsonne versteckt ihr
verschobenes Gesicht hinter kahl
werdenden Bäumen. Wir unwissend:
wie viele Tage werden noch bleiben.

52

Das Morgengrauen als Anhängsel einer
durchzechten Nacht wird mitgeschleppt.
Begierig frisst sich der Schlaf in unsere Lider.
Der Kampf gegen einprägsame Kolosse wird
der Kampf gegen uns, gegen unsere Körper.
Aufkommender Nebel verhüllt unsere Blicke
in fadenscheiniges Weiß. Ein Fadenkreuz,
geflochten aus den Fasern deiner Kleidung,
verschwindet mit dem Aufkommen bekannter
Gerüche aus der Kaffeemaschine. Anzurufen
vermeide ich absichtlich und hoffe du auch.

53

Morgens aufwachen
und leicht frösteln
und sich wünschen
einen Kachelofen
zu haben, den man
anschüren könnte.
Sich vor Kälte die
Hände reiben und in
den Töpfen Wasser
kochen, um Kaffee
aufzubrühen. Nicht
zeitgemäß sein,
sie festhalten,
die Zeit, ein Stück.

54

Tau auf unseren Gesichtern,
Blätter in den Ohren vor
Nässe. Machen taub, machen
selig. Eulenfalter auf unseren
Lippen verbieten uns zu
sprechen, Mondspinner in
unseren Augen zu sehen.

55

Sie bändigen,
für einen Augenblick,
sie ganz besitzen.
Sie zügeln,
handzahm machen.
Sie begreifen,
für einen Wimpernschlag,
verstehen im Ganzen.
Ihr Schatten sein
und aus ihm treten.
Das alles zu viel,
und dennoch zu wenig.

Die Gestern alle zählen nicht mehr,
sind flügge geworden und wirren Flugs
ins Nichts gezogen. Wir schworen
was verblich im Mondschein, raschelte
unter Blättern, als der Herbst geboren.
Wir wollten alles sein und alle,
tauchten in ein Meer aus Licht und
starben im Schatten der Grashalme.

Meist zärtlich. Hier und da, aber wirklich
nur vereinzelt, ging die Luft schwanger mit
Unstimmigkeiten. Baldachinschwere steckte mir
in den Beinen. Mühsam würde es gelingen,
einen Fuß vor den anderen zu setzen.
Dennoch: Ich ging in aller Stille an einem
grauen Morgen mit dem Röcheln des Windes.

58

Hier oben im Norden ist das Land flacher.
Einzige Erhebungen die kronkorkigen
Deiche. Eine behäbige Schönheit ist es, die
einen einnimmt. Bäume und Sträucher
ganz schief vom Wind. Verwehte Gefühle
und streunende Sandbänke. Die Geselligkeit
der Schafe ist bloßer Neugierde geschuldet.
Wie Wesen aus fremden Welten schälen sich
andere Inseln aus morgendlichem Nebel.
Liebe als wasserschöpfende Nixe –
sie steht und fällt mit den Gezeiten.

Zieh mich aus dem Sumpf
dieser Tage und dann zieh
mich aus bis auf die Knochen.
Gerbe meine Haut und mach
ein hübsches Täschchen aus
ihr und verhökere es auf dem
Markt zum Ramschpreis. Zieh
durch die verwüsteten Lande
und wandere von einem Ort
zum nächsten. Lass was noch
übrig ist von mir zurück
und zerfallen zu Staub.

60

Die Gefahr keinen Hehl daraus zu
machen allgegenwärtig. Die Nacht
breitet sich zu langsam aus. Deutlich
sehe ich am anderen Ende des Raumes
eine ausgebildete stehende Welle. Am
Morgen danach (war erst jetzt wirklich
Morgen?) fand ich deine Stöckelschuhe
unterhalb des Waschbeckens. Liebevoll
aufbewahrt in einem himmelblauen
Leinensäckchen. Der Stich in meiner
Brustgegend, den sie auszuführen
vermochten, würde irgendwann aufhören
zu sein. Eine Liebelei? Ein Abenteuer?
Nichts? Dein Stuhl am Frühstückstisch
immer noch unbewegt, stummer
Beobachter, als ich sorgenvoll ging.

IV

61

Das Stimmengewitter brach
unerwartet über mich herein.
Nachtschattengedichte wucherten
aus den Poren deines Körpers.
Du bist nicht fort mit einem Mal.
Vielmehr entschwindest du.
Wirst blasser mit fortschreitender
Verwundung. Ich halte fest (schon jetzt):
Wenn du gegangen sein wirst, wirst du
mehr mitgenommen haben, als du wolltest.

62

Wir schlürfen die Reste von Gestern
aus unseren leicht aufgeweichten
Pappbechern. Dein geodätischer Blick
als Teil der Riemann'schen Geometrie
durch eine gewöhnliche Differentialgleichung
charakterisiert. Wir müssen ein klägliches
Bild abgeben in dem Dreieck aus uns,
also dir und mir, und unserem Universum.
Trigonometrische Funktionen stürzen
sich halsbrecherisch auf unser Verlangen
und der Wind bläst müde Polygone durch
den Park. Als wir dann nach Hause gehen
und die verwahrlosten Körper von
annähernd planimetrisch plazierten
Laubblättern sehen, frage ich mich
schon, ob härtere Zeiten anbrechen.

63

Die Überfahrt ein unruhiger Schlaf
auf dem Zwischendeck, begleitet vom
Klirren und Murren neonröhriger
Spielautomaten. Im Bauch verschluckte
Lastwagen. Das Salz an den Füßen
weggeleckt von einer mächtigen metallischen
Zunge. Was ich mich frage: Dass die baltische
See so still ist in diesen unruhigen Zeiten?
Das altstädtische Tallin brummt am Abend.
Bei heißem Tee und Walsers Brandung lasse
ich die Welt wissen, dass ich bin. In einigen
Tagen, nach weiteren Taten privatmännischer
Betriebsamkeit, würde ein elegischer Bus durch
Estland rollen. Im Gepäck handfeste Souvenirs.

Die Manchmale häufen sich, in denen ich
mir wünsche, dir nie begegnet zu sein auf
dem in schales Licht getränkten Korridor.
Wie hohl der Klang deiner High-Heels ist in
Retrospektive. Die Wände des Flurs, mannshohe
Wälle sind es, wabern gelehrsam her und hin
und werfen immer größer werdende Schatten
auf meinen schrumpfenden Körper. Auf deine
ganz eigentümliche Art liebst du mich.

65

Es fängt damit an, dass wir uns in
Vergänglichkeit kleiden. Jeden Herbst
graben wir unsere Geschichten aus, in
denen wir grünohrig, so erzählen wir
uns immer wieder, flimmernde Luft
tranken. Süße Jahre aus getrockneten
Pflaumen gelutscht. So still kann die Zeit
gar nicht stehen, dass sie einen guten Soldaten
abgäbe. Ich zurückgelassen mit einem
klebrigen Fruchtbonbon in meiner Hand.

Als der Strom ausfiel und die Stadt
im Dunkel versank, weiteten wir
unsere Ohren, um zu hören, wie die
anderen Menschen machten. Inmitten
deiner Schaltkreise, gut vernehmbar,
das 50-Hz-Brummen, Zeuge schlecht
abgeschirmter Leitungen. Wir oszillieren
entlang der x-Achse zwischen Werten
von -1 und 1. Vielleicht bist du auch
zu oft in Parallelschaltungen unterwegs,
fühlst dich heimisch dort. Heute bist du
hochohmig. Gestern auch. Ich gestehe:
Die Serienschaltung penibel aufgereihter,
gescheiterter Liebesszenen verlängert sich.

Die Stadt belagert von Dunkelheit.
Nachtigallenreise. Dieses
Dich-nicht-ändern-Wollen
klingt in meinen Ohrmuscheln.
Rhythmische Wiederholung
einzelner, aber prägnanter
Silben. Gegenseitig ermitteln
wir unsere Bewegungsmuster
mittels Telemetrie. Ganz vorsichtig
erhoffen wir zärtliche Erwartungen.

68

Ich schreibe Gedichte in den Himmel,
in dieses diffusstrahlungsblaue Monstrum.
Baldachinschwere, brokatstoffig elegant,
legt sich samtig über das stille Land.
Welche Nacktheit und Verlogenheit
die Sterne am Firmament zur Schau stellen.
Absorption ist etwas, das du nicht lernen
musst, deine eigene Naturtalentschmiede.
Plejadenkonstellation: Vor tausendfünfhundert
Jahren wurde in Mexiko der Himmel auf die
Erde gebracht. Du aber zersägst ihn in
unerträglich gleichmäßige Stücke und
interpretierst jedes meiner Worte zu Tode.

69

Der Atlantik ein zu weit
entferntes blaues Etwas
beim Schlürfen von Diät-Cola.
Das Ausfahren der Triebwerke
kündet von festem Boden
unter den Füßen. Die Nacht floss
in meinen Rachen wie schwarze
Tinte, lösungsmittelbasiert. Ich
motorisiere die Nacht, andere
damit beschäftigt Menschen
auszuknipsen. Niemand wundert
sich, dass mein Kopf, lasterhaft
eingefärbt, in Nachtclubs verweilt.
Für den Moment: Die Frage nach
Oberflächlichkeiten wie weggefegt.
Der Sunset Strip, exoterische
Verführerin, trägt High-Heels.
Sturzbesoffen der Hollywood Boulevard.
Drogenbetäubte Leuchtreklame
vor populären Kinosälen. Welten
in meinen Augen. Aus meinem Mund
strömen Sterne, matt, spröde.